Christian Stock (

Arbeiterführer, Sozialp ... sident

Ein Stadion im südhessischen Seeheim trägt seinen Namen; er ist Ehrenbürger von Darmstadt, Seeheim, Pfungstadt und Bad Orb; eine Stiftung ist nach ihm (und seiner Frau) benannt. Doch gehört er nicht zu den Männern der Geschichte, die im historischen Bewusstsein verankert sind, auch nicht im Land Hessen: Christian Stock, der erste demokratische Ministerpräsident des Landes von 1946 bis 1950.

„Der Spiegel" wertete die Wahl des gebürtigen Darmstädters zum Ministerpräsidenten am 20. Dezember 1946 doch als eine kleine Überraschung; in seiner ersten Ausgabe 1947 kommentierte das Nachrichtenmagazin unter der Überschrift „Kandidat der letzten Stunde": „Sein Name fiel ganz zum Schluss der Präsidentendebatte, aber im gleichen Augenblick war auch schon sicher, dass man ihn wählen würde. Die SPD hatte sich plötzlich auf den Sohn eines Zigarrenwicklers geeinigt, der es bis zum Präsidenten der Landesversicherungsanstalt gebracht hatte – auf dem mühsamen und schließlich gefahrvollen Umweg der politischen Karriere. [...] Er diente sich in der Sozialdemokratie hoch, wurde 1919 Mitglied der Nationalversammlung, 1922 Direktor der Ortskrankenkasse in Heidelberg und zog zehn Jahre später in jenen gewaltigen grauen Steinkasten am Main zu Frankfurt, der die dortige Krankenkasse beherbergt. [...] 1945 wurde er Präsident der Landesversicherungsanstalt Hessen. Er ist ein bedeutender Fachmann mit großen Plänen. Auf seinem Posten ist er unersetzlich, kein Mensch dachte daran, ihn zum Ministerpräsidenten zu machen."[1]

Nun, eine in letzter Minute gefundene Notlösung war Christian Stock gewiss nicht, zählte er doch zu den Politikern der ersten Stunde im Nachkriegshessen. Er konnte zudem auf einen beeindruckenden politischen Aufstieg zurückblicken. Seit mehr als 40 Jahren gehörte er der SPD an, hatte seine Karriere ganz unten begonnen. Er stand für die Tradition der sozialdemokratischen Arbeiterbewegung, der er sich zeitlebens verpflichtet fühlte und die sein politisches Zuhause von Jugendjahren an war. Er durchlief den dornenreichen Weg vom Arbeiter zum Arbeitervertreter im Betrieb, dann zum Gewerkschaftsfunktionär und schließlich zum Abgeordneten und repräsentierte jene steil in der Hierarchie der Sozialdemokratie aufgestiegenen Parteiarbeiter, deren ehrenamtliches Engagement zu einer Festanstellung in den Organisationen der Arbeiterbewegung führte. Stocks Werdegang war typisch für die Mehrzahl der führenden sozialdemokratischen Funktionäre seiner Generation, die, sozialisiert im wilhelminischen Kaiserreich, in jungen Jahren durch einen unermüdlichen Einsatz für die gesellschaftlich ausgegrenzte Sozialdemokratie noch vor dem Ersten

Weltkrieg in die Dienste dieser Bewegung traten und in der ersten Demokratie auf deutschem Boden gesamtpolitische Verantwortung übernahmen.

Mit diesem Karrieremuster verkörperte Stock den in der Weimarer Republik vorherrschenden Typus des sozialdemokratischen Politikers. Obwohl er am Ende des Zweiten Weltkrieges sofort zur Stelle war, um beim Neubau der Demokratie mitzuhelfen, war er weithin unbekannt, als man ihn zum Ministerpräsidenten kürte. Damit krönte er seinen Weg, der auf der Schattenseite des Lebens begonnen hatte.

1. Der Aufstieg zum Arbeiterfunktionär

Seine Wiege stand in einer kargen Wohnung in Darmstadt. „Die Verhältnisse formen den Menschen“[2] – so zitiert Christian Stock am Lebensende einmal einen väterlichen Freund aus Jugendtagen. Der Schlüssel zum Verständnis des Politikers Christian Stock liegt im besonderen Maße in den Verhältnissen von Kindheit und Jugend. Er durchlebte die entbehrungsreiche Zeit eines Proletariersohnes im ausgehenden 19. Jahrhundert: „Die Jugend war nicht allzu sehr umstrahlt vom Glück“[3], erinnert er sich nach dem Zweiten Weltkrieg an seine Kindheit in der Kaiserzeit.

Wenn das oft strapazierte und allzu leichtfertig bei Biografien von Sozialdemokraten verwandte Wort, dass der Protagonist von ganz unten gekommen sei, wirklich seine Berechtigung besitzt, dann bei der Beschreibung von Stocks Lebensweg: Christian Stock wurde am 28. August 1884 – „vormittags um 8.00 Uhr“, wie der Geburtseintrag im Standesamt vermerkt[4] – als Sohn der verheirateten, von ihrem Ehemann jedoch getrennt lebenden Maria Magdalena Reß in Darmstadt geboren. Über sie hält das polizeiliche Melderegister fest: „Lebt in wilder Ehe mit dem Cigarrenmacher Jakob Stock.“ Dieser erklärte bei der Anmeldung der Geburt gegenüber den Behörden, dass er das Kind „als von ihm erzeugt, hiermit anerkenne“.[5] Der junge Christian trug jedoch zunächst den Nachnamen der Mutter, ehe er kurz vor seiner eigenen Heirat 1908 den seines Vaters annehmen sollte.

Christian Stock wurde katholisch getauft, ging zur Kommunion und wurde gefirmt, trat später jedoch nicht, wie eine Vielzahl von Sozialdemokraten seiner Generation, aus der Kirche aus. Bald wurde die Familie auseinandergerissen, vermutlich weil die kränkliche Mutter nicht mehr in der Lage war, Haushalt und Kindererziehung zu bewältigen. 1891 im Alter von nur 31 Jahren starb die Mutter; der junge Christian, nicht einmal sieben Jahre alt, kam einige Zeit zu Verwandten nach Hanau und kehrte zu seinem Vater zurück, nachdem dieser in Pfungstadt ansässig geworden war, dort Arbeit gefunden und geheiratet hatte. Damit hatte Stocks unstete Kindheit ein Ende: Allein in seinen ersten sieben Lebensjahren war die Familie siebenmal innerhalb von Darmstadt umgezogen.

Wechselnde Arbeitsverhältnisse des Vaters hatten häufige Schulwechsel des Sohnes zur Folge, so dass sich sein Volksschulbesuch auf mehrere Orte – Darmstadt, Hanau, Lorsch und Pfungstadt – verteilte. Stock bezeichnete sich selbst als „mittlerer bis guter

Schüler".[6] Auch wenn er möglicherweise die Eignung für eine weiterführende Schule besessen hat, so stand der Besuch einer höheren Bildungsanstalt nicht zur Debatte, denn die engen finanziellen Verhältnisse im Elternhaus erlaubten dies einfach nicht. Er musste zum Lebensunterhalt der Großfamilie beitragen, die inzwischen auf zwölf Kinder angewachsen war. So begann Stock 1898 mit 13 Jahren eine Lehre als Zigarrenmacher bei der Pfungstädter Firma Max Freund, wo auch sein Vater beschäftigt war. Das war ein Beruf, so erinnerte er sich später, der ihm recht gut gefiel. Neben der Lehre besuchte er drei Jahre lang eine Fortbildungsschule. Nach Abschluss der Lehre 1901 blieb er in dem jüdischen Familienunternehmen, wo ihn ältere Kollegen an die Arbeiterbewegung heranführten. Prägend war auch der Einfluss des Elternhauses. Sein gewerkschaftlich organisierter Vater spielte in der Pfungstädter Sozialdemokratie durchaus eine Rolle.

Lebensweg und Erfahrung bestimmten also Stocks Weg in die sozialistischen Organisationen. Er war das Kind eines Arbeiters und selbst lohnabhängig beschäftigt; er hatte Benachteiligung und soziale Missstände am eigenen Leibe gespürt. Vor diesem Erfahrungshorizont fand er geradezu zwangsläufig seine politische Heimat in der sozialdemokratischen Bewegung, die das Los der Arbeiterschaft sozial und politisch verbessern wollte. Im Juli 1901, mit 16 Jahren, trat Stock der Gewerkschaft, dem deutschen Tabakarbeiter-Verband, bei und wurde ein Jahr später Mitglied der SPD. Schon früh machte er sich einen Namen als Agitator innerhalb der Sozialdemokratie, die man im Kaiserreich als Umsturzpartei ausgrenzte und deren Mitglieder als „vaterlandslose Gesellen" verfemt wurden. Das konnte seinen Eifer für die SPD jedoch nicht bremsen.

Stock gehörte zu den unzähligen kleinen Werbern, die sich ganz und gar der sozialistischen Arbeiterbewegung verschrieben. Wie viele Arbeiterführer seiner Generation erwarb er sich im Selbststudium umfassende Kenntnisse auf politischem und sozialpolitischem Gebiet. Sein unermüdlicher ehrenamtlicher Einsatz führte wie bei zahlreichen Agitatoren, die Zeit und Arbeitskraft für die Bewegung opferten, auch bei Stock zu besoldeter Tätigkeit. Wer sich jahrelang bewährt hatte, dem konnte man einen verantwortungsvollen Posten anvertrauen. So wurde er 1910 Leiter des Tabakarbeiter-Verbandes für Südhessen, Pfalz und Nordbaden, der seinen Sitz im nordbadischen

Der passionierte Zigarrenraucher.

Heidelberg hatte, das für mehr als 20 Jahre die Heimat seiner jungen Familie werden sollte.

Am 20. Dezember 1908 hatte er die zwei Jahre ältere Fabrikarbeiterin Katharina Kern, Tochter eines Schuhmachers, geheiratet, mit der er bereits einen Sohn, einen Monat zuvor geboren, hatte. Es war nach damaligem Verständnis also eine sogenannte „Muss-Heirat". Aus der Ehe gingen innerhalb von fünfeinhalb Jahren insgesamt vier Söhne hervor, die Stock alle überleben sollte: Ein Sohn verstarb 1915 im Alter von fünf Jahren, zwei kehrten aus dem Zweiten Weltkrieg nicht zurück. Der vierte starb 1966, ein Jahr vor Stock. Das waren tiefe Schicksalsschläge, deren Wirkung auf den Vater kaum zu ermessen sind.

Heimaturlaub 1916: Der Soldat Christian Stock mit seiner Ehefrau Käthe und den Söhnen Christian, Otto und Karl (v. l.). Der zweitälteste Sohn Albert ist im Jahr zuvor verstorben.

Im Herbst 1910 zog Stock von Pfungstadt nach Heidelberg, wo er bald innerhalb der SPD lokale Führungspositionen bekleidete und dann 1913 das gewerkschaftliche Arbeitersekretariat, eine sozial- und arbeitsrechtliche Hilfsstation, übernehmen sollte. Damit erklomm er eine der wichtigsten Karriereleitern innerhalb der Arbeiterbewegung, denn die Arbeitersekretäre genossen wegen ihrer breitgefächerten Kenntnisse in der Sozialpolitik (und darüber hinaus) ein hohes Ansehen innerhalb der sozialdemokratischen Bewegung. Die „Volksjuristen", so nannte sie Stock[7], kannten sich in der komplizierten Sozialversicherungsmaterie aus, so dass sie die ratsuchenden Arbeitern bei der Durchsetzung ihrer Rechte halfen und dadurch an Reputation unter den Genossen gewannen.

Diese Arbeit an der Basis, der fortwährende Kampf um die Rechte der Arbeiter, formte auch Stocks eigenen politischen Standpunkt. Er zählte zu den Arbeiterführern, deren Ziel die praktische Reformarbeit war und die der Theorie oder den Kontroversen um die „wahre" sozialistische Lehre skeptisch gegenüberstanden. Er selbst fasste seinen politischen Standort einmal sehr einfach, aber doch recht prägnant in die Worte, dass er bei denen stehe, „denen 1 Pfennig pro Stunde mehr" wichtiger war „als irgend eine große scharfe Resolution für einen Generalstreik".[8] Auf schrittweise Reformen hinzuarbeiten war sein Credo. Wer aus dem Kleine-Leute-Milieu stammte und beruflich tagtäglich mit den Sorgen und Nöten der Arbeiterschaft konfrontiert wurde, der wusste, wo dem Proletariat der Schuh drückte und der entwickelte Sinn für das politisch Notwendige und Machbare. Nicht der utopischen sozialistischen Heilsgesellschaft, die - so prognostizierten die marxistischen Theoretiker der Partei - irgendwann einmal nach dem heilsbringenden Kladderadatsch kommen würde, sondern der Verbesserung im Hier und Heute galt sein Augenmerk. Nach eigenem Bekenntnis am Lebensende war Stock „von Haus aus Reformer und weniger Revolutionär".[9] Er war kein theoretischer Geist, sondern ein Pragmatiker und Sozialreformer, dessen Karriere eng mit dem Aufstieg der Arbeiterbewegung verbunden war. Er setzte auf allmähliche Umformung des Systems in eine echte Demokratie. Doch solche Hoffnung wurde durch den Ersten Weltkrieg jäh unterbunden.

Er musste an die Front, wurde aber nach drei Jahren auf Antrag der Gewerkschaften im November 1917 vom Militärdienst zurückgestellt, damit er, der Anfang des gleichen Jahres verwundet worden war, wieder die Geschäfte des Arbeitersekretärs in Heidelberg wahrnehmen konnte. Das Erleben des Massensterbens hinterließ seelische Narben. Der mit dem Eisernen Kreuz II. Klasse ausgezeichnete Stock schrieb später: „Wer den Krieg mitmachen musste, den Geschossen der Gegner ins Auge schaute, um die Seinen dem Schicksal zu überlassen, hat seelisch manche schwere Stunde gehabt."[10] Die gewiss schwerste Stunde war der Tod seines zweitältesten Sohnes Albert im Juli 1915 im Alter von nicht einmal sechs Jahren.

Der Krieg beschleunigte den Untergang des reformunwilligen Kaiserreiches: „4½ Jahre Krieg, in dem die gesamten Kräfte und Nerven aufs äußerste tätig und gespannt waren, 4½ Jahre Hunger und Entbehrung aller Art, Verlust an Leben und Gesundheit in jeder Familie, kurzum, Verderben nach jeder Richtung, dabei Misstrauen gegen alle die, die im Staat irgendetwas zu sagen hatten, das war das Signalement des deutschen, durch seine alten Gewaltigen über und über betrogenen Volkes. Diese Verhältnisse waren das Hauptfeuermittel in den Revolutionstagen des November 1918."[11] Mit diesen Worten umriss Stock auf dem Landesparteitag der badischen SPD im September 1919 die Gründe für den Zusammenbruch und gleichzeitigen revolutionären Umsturz im November 1918. Jetzt trat der Sozialdemokrat über die Partei hinaus und übernahm gesamtpolitische Verantwortung.

2. Ein Kämpfer für die Demokratie: Weimarer Republik und Diktatur

In der Revolutionszeit nach dem 9. November 1918, als die im Kaiserreich ausgegrenzte und bekämpfte Sozialdemokratie in die politischen Schlüsselstellungen katapultiert worden war, stieg Stock vom lokalen Funktionär der Arbeiterbewegung zum Abgeordneten im Reich, Land und in der Kommune auf. Als im November 1918 die von den Seehäfen ausgehende revolutionäre Welle die fürstlichen Kronen fortspülte, sorgte der Sozialdemokrat Christian Stock dafür, dass die Revolution in Heidelberg im Ganzen ruhig verlief. Als einer der beiden Vorsitzenden des örtlichen Arbeiter- und Soldatenrates fühlte er sich wie die meisten Sozialdemokraten in den Schaltstellen der neuen revolutionären Macht lediglich als ein Treuhänder, bis demokratische Organe aufgebaut waren. Es ging zum einen um die Wegbereitung in den demokratischen Verfassungsstaat, zum anderen um Wahrung der Ordnung und Verhinderung der Katastrophe, und dies in einer Zeit, als die Bevölkerung sozial, wirtschaftlich und mental ausgezehrt war und angesichts der akuten Probleme das Chaos drohte. Stock war einer dieser Krisenmanager in der Region, der zugleich konsequent die demokratische Karte spielte. Revolutionäre Schwärmerei lag ihm ebenso fern wie linksradikale Gedanken an eine Räterepublik nach sowjetischem Vorbild. Sein Ziel war die parlamentarische Demokratie.

Mit den Wahlen zur Nationalversammlung im Januar 1919 war der Weg in die Republik entschieden. Stock wurde Abgeordneter des ersten demokratischen Parlaments in der deutschen Geschichte (im Übrigen einer der jüngsten) und gehörte somit zu den Schöpfern der ersten demokratischen Verfassung, der Grundlage für die Republik, die allerdings nur 14 Jahre bestehen sollte. Denn die neue Republik war nicht die Herzenssache aller Deutschen. Schon im März 1920 holte die antirepublikanische Rechte zum Gegenschlag aus und setzte die demokratische Regierung ab. Der Kapp-Lüttwitz-Putsch drohte die junge Republik zu stürzen. Jedoch ließ der Generalstreik der organisierten Arbeiterschaft die Revolte rasch zusammenbrechen.

In Heidelberg organisierte Stock Streik und Protestversammlungen.

Porträt der 1920er Jahre in seiner Heidelberger Zeit.

Nach dem Scheitern des Aufstandes ernannte ihn Reichspräsident Friedrich Ebert kommissarisch zum Unterstaatssekretär im Reichswehrministerium. Er sollte innerhalb der Reichswehr, immer noch Tummelplatz der Rückwärtsgewandten, ziviler Kontrolleur sein. Das konnte ihm jedoch wegen überlebter Strukturen und wegen des nach wie vor starken wilhelminischen Korpsgeistes unter den Offizieren nicht gelingen. Stocks Tätigkeit im Reichswehrministerium beschränkte sich daher im Wesentlichen auf die Leitung des Ausschusses, der das Verhalten der Offiziere während des Putsches untersuchte. Die notwendige Bestrafung der in das Umsturzunternehmen verstrickten offen antirepublikanischen Offiziere blieb jedoch aus. Sie kamen glimpflich davon.

Eine Weiterbeschäftigung im Ministerium zerschlug sich, so dass er bald darauf Berlin und damit der großen Politik den Rücken kehrte, zumal er bei den Wahlen im Juni 1920 als vierter der SPD-Landesliste in Baden nicht mehr in den Reichstag gewählt worden war. Nach herben Verlusten für die SPD kamen nur die drei vor ihm Platzierten zum Zuge. Er ging zurück nach Heidelberg, wo er sich als Gemeindevertreter, gewählt im Mai 1919, intensiv der Stadtpolitik zuwandte. Auch im kommunalpolitischen Wirkungskreis richtete sich sein Augenmerk auf soziale Verbesserungen für die benachteiligten Schichten. Im Zentrum rangierte da die prekäre Wohnungsfrage, wegen des weitgehenden Stopps des Wohnungsbaus im Kriege eines der zentralen Probleme der jungen Republik. Er mahnte nicht nur die Stadtverwaltung, für den Wohnungsbau Gelder bereitzustellen, sondern war auch Mitinitiator der im Frühjahr 1918 ins Leben gerufenen Baugenossenschaft Neu Heidelberg, die sich der Beschaffung von dringend benötigtem Wohnraum für die Arbeiterschaft und für die sozial Schwachen annahm, denn, so Stock im Juni 1922 im badischen Landtag, unzureichende Wohnverhältnisse waren die „Bruttstätten allen Lasters".[12] Bis 1933 war er in ehrenamtlichen Führungsfunktionen der Baugenossenschaft tätig.

Von 1921 bis 1925 gehörte er zudem dem badischen Landtag an und wurde 1921 Landessekretär des badischen Gewerkschaftsbundes. Diesen Posten gab er aber schon nach einem Jahr wieder auf, um Geschäftsführer der Allgemeinen Ortskrankenkasse für den Bezirk Heidelberg zu werden, in dessen Aufsichtsrat er als Vertreter der Arbeiternehmer bereits seit 1914 saß. In diesem neuen Amt profilierte er sich als versierter Fachmann in der Sozialpolitik. Das war sein Metier. Und sie sollte es bis zum Lebensende bleiben. In seiner Zeit an der Spitze der Heidelberger AOK fielen wichtige Verbesserungen in der Krankenfürsorge und die Errichtung von kasseneigenen Instituten und Erholungsheimen.

Im März 1932 wurde er Direktor des Landesverbandes der Krankenkassen Hessen in Frankfurt und drei Monate später Direktor der AOK Frankfurt, bis über Deutschland die „fürchterlichste Reaktion und Barbarei" hereinbrach.[13] Die nationalsozialistische Machtergreifung beendete im April 1933 seine Tätigkeit. Der fristlos entlassene Stock, in den Augen der neuen Machthaber einer der verfemten „November-Verbrecher", verantwortlich für die verhasste Revolution von 1918, wurde im Juli 1933 in Seeheim, wo er seit dem Weggang aus Heidelberg lebte, von der hessischen Polizei verhaftet. Man steckte ihn ins Konzentrationslager Kislau bei Bruchsal, in das die prominenten Sozialdemokraten Badens in „Schutzhaft", wie das im Sprachgebrauch des Unrechtsregimes verschleiernd für politische Haft hieß, verschleppt wurden. Hier saßen bereits der langjährige badische Minister Adam Remmele und der badische Staatsrat Ludwig Marum, beide SPD. Diese waren am 16. Mai in einer von den Nationalsozialisten groß inszenierten Propagandaaktion gemeinsam mit anderen Sozialdemokraten auf offenem Lkw durch Karlsruhe, vorbei an von den Nazis zusammengetrommelten Menschenmengen, transportiert und dann ins KZ verbracht worden. Für Stock, den das badische Innenministerium als eine „führende Persönlichkeit" der „marxistischen Bewegung"[14] besonders im Auge hatte, waren die acht Monate eine Zeit der Erniedrigung, Ungewissheit und Angst. Ein Gnadengesuch führte ihn im März 1934 in die Freiheit. So blieb ihm das Schicksal Ludwig Marums, der zwei Wochen nach Stocks Entlassung ermordet wurde, erspart.

Das Ersuchen um Freilassung mit der Loyalitätsbekundung, nicht gegen die neuen Machthaber wirken zu wollen, war nur ein scheinbarer Kotau vor den Nationalsozialisten, denn sein von ihm in Darmstadt eröffnetes Tabakgeschäft, mit dem sich der stellungslose Stock nun über Wasser halten wollte, wurde zur Anlaufstelle für befreundete Sozialdemokraten wie den späteren hessischen Innenminister Heinrich Zinnkann oder den Verfassungsexperten Ludwig Bergsträsser. In Stocks Laden wurden die Genossen nicht nur mit Rauchwaren versorgt. Man tauschte sich aus, was nach Hitler kommen werde und wie die zweite Republik beschaffen sein musste, um dauerhaft zu bestehen. Stock, seit Juni 1943 Buchprüfer bei den Vereinigten Deutschen Metallwerken in Heddernheim, wollte für den demokratischen Neuanfang nach Krieg und Diktatur bereit sein.

Diskutiert wurde dabei auch die künftige Ausrichtung der Sozialdemokratie. Auch wenn Stock der Meinung war, dass die SPD sich nach dem Krieg unter dem alten Namen wiedergründen sollte, so müsse sie doch ihre Basis verbreitern und auf das Bürgertum zugehen. Das war nichts weniger als die Forderung nach dem Wandel von der Klassen- zur Volkspartei. Dies war für ihn eine der Lehren aus der Geschichte der Partei und dem Untergang der ersten Republik. Gleichwohl konnte es für den altgedienten Funktionär, der fest in sozialdemokratischer Tradition verwurzelt war, keinen Zweifel an der Wiedergründung der SPD geben. Eine Einheitspartei mit der KPD, wie sie die Kommunisten schließlich 1945/46 fordern sollten, stand für ihn – wie für die übergroße Mehrheit der Sozialdemokratie – überhaupt nicht zur Debatte.

3. Ein Mann der ersten Stunde: demokratischer Neuaufbau in Hessen

Nach dem Ende des Zweiten Weltkrieges trat Stock wie seine zwölf Jahre unterdrückte Partei sofort wieder in die politische Verantwortung, um am Bau eines neuen demokratischen Deutschland mitzuwirken. Die während der nationalsozialistischen Diktatur erhalten gebliebenen Verbindungen zu den Weggefährten erwiesen sich dabei als entscheidend. Stock durfte sich mit vollem Recht zu den „Männern der ersten Stunde" rechnen: Noch vor der deutschen Kapitulation am 8. Mai 1945 ernannte ihn Ludwig Bergsträsser, von den Amerikanern eingesetzter Regierungschef im Volksstaat Hessen (-Darmstadt), zum Leiter der Landesversicherungsanstalt. Es war ein Aufbau aus dem Nichts, auf einem wackligen Stuhl an einem ebensolchen Tisch, ohne irgendwelche Unterlagen über Rentenzahlungen. Stock wurde nach der Gründung eines geeinten Groß-

Hessen, das die amerikanische Militärregierung im September 1945 aus der vormaligen preußischen Provinz Hessen-Nassau (ohne vier Kreise im Raum Montabaur) und dem einstigen Volksstaat Hessen (ohne das linksrheinische Rheinhessen) ins Leben rief, Direktor der neuen landesweiten Landesversicherungsanstalt. Er setzte auf eine alle Versicherungszweige (Renten, Kranken, Unfall) integrierende Zentralversicherung, in der auch Handwerker, Landwirte und Selbstständige verpflichtend Mitglied sein sollten. Doch die allumfassende Volksversicherung kam nicht. Sein Ruf als Sozialversicherungsfachmann strahlte über die Landesgrenzen hinaus. Vom designierten SPD-Parteivorsitzenden Kurt Schumacher wurde er gebeten, für die erste überzonale Zusammenkunft der SPD im Oktober 1945 in Hannover Richtlinien zur Sozialpolitik zu entwerfen.

In den ersten Monaten nach Kriegsende trat Stock parteipolitisch ansonsten wenig in Erscheinung. Zwar saß er nach den ersten Gemeindewahlen im Januar 1946 im Seeheimer Gemeinderat, doch eigentlich erst mit der Wahl in die Verfassungberatende Landesversammlung am 30. Juni 1946 rückte er ins politische Rampenlicht. Seine Partei erzielte die Mehrheit mit 44,3 % und stellte 42 der insgesamt 90 Mandate. Stock konnte nun zum zweiten Mal nach 1919 an der Ausarbeitung einer Verfassung mitwirken. Er leitete den sozialpolitischen Ausschuss; hier bewegte er sich als ausgewiesener Sozialpolitiker in seinem angestammten Handlungsfeld. Er wurde darüber hinaus von seiner Partei in den

Der Redner (um 1950).

zentralen Verfassungsausschuss entsandt. So spielte er innerhalb der Fraktion eine besondere Rolle, denn als die Beratungen wegen anscheinend kaum zu überbrückender Differenzen zwischen den beiden stärksten Fraktionen von SPD und CDU festgefahren waren, gehörte er zu den drei Sozialdemokraten, die im stillen Kämmerlein den Kompromiss mit den Christdemokraten aushandelten und damit den Weg zur Verabschiedung der Verfassung freilegten.

Zunächst hatten SPD und CDU kooperiert, doch je konkreter die Ausgestaltung der Verfassung wurde, umso mehr zeigten sich Differenzen zwischen beiden Parteien, so dass dann SPD und KPD gemeinsam ihre doch in weiten Teilen übereinstimmenden Forderungen im wirtschafts- und sozialpolitischen Bereich gegen CDU und LDP (FDP) durchbrachten. Doch die Konfrontation hinterließ bei den Sozialdemokraten einiges Unbehagen, denn man war sich unsicher, ob eine von SPD und KPD allein getragene Verfassung auch eine Mehrheit in der von der amerikanischen Besatzungsmacht verfügten Volksabstimmung erreichen würde. So setzten sich SPD und CDU im kleinen Kreis zusammen, um die strittigen Fragen zu lösen. Das gelang.

Die Verfassungsarbeit war ein persönlicher Erfolg Stocks, der die Politik seiner Fraktion wesentlich geprägt hatte und der als Gewerkschafter und Sozialpolitiker mit dem Resultat zufrieden sein konnte. Denn die Landesverfassung legte den Grundstein für eine sozial- und wirtschaftspolitische Neuordnung ganz im Sinne der Sozialdemokraten. Die Hessische Verfassung zeichnet sich durch eine konsequente Hinwendung zum Sozialstaat aus. Die Sozial- und Wirtschaftsordnung beruht gemäß Artikel 27 auf der Anerkennung der Würde und der Persönlichkeit des Menschen. Das Recht auf Arbeit wird proklamiert; für alle Angestellten, Arbeiter und Beamten gilt ein einheitliches Arbeitsrecht. Das Streikrecht wird garantiert, die Aussperrung für rechtswidrig erklärt. Der Achtstundentag und ein zwölftägiger Mindesturlaub sind festgeschrieben. Und Artikel 41 verfügt die sofortige Sozialisierung der Schlüsselindustrien. Die Verankerung der Unterrichtsgeld- und Lernmittelfreiheit eröffnete auch den weniger begüterten Schichten den Zugang zur höheren Bildung. Darauf legte Stock, nicht nur aus eigener Erfahrung, besonderen Wert.

Stärker als andere Landesverfassungen der Nachkriegszeit unterstreicht die hessische den demokratischen Gedanken und erhebt den Widerstand gegen diktatorische Bestrebungen oder gegen Verfassungsverletzungen zur Bürgerpflicht: Jeder Hesse hat die Aufgabe, den Bestand der Verfassung zu schützen. Insgesamt geht die Landesverfassung mit ihren wirtschafts- und sozialpolitischen Regelungen weit über das Maß hinaus, was später im Grundgesetz verankert wurde.

Für all das hatte Christian Stock gekämpft. Er war einer der Wegbereiter des Verfassungskompromisses von SPD und CDU, der zu den entscheidenden Weichenstellungen der hessischen Nachkriegszeit zählt. Denn damit wurde, über die Einigung in den umstrittenen Verfassungsfragen hinaus, zugleich das Fundament der Großen Koalition von 1946 bis 1950 im Wiesbadener Landtag gelegt. Bei den Verfassungsberatungen wurde ein zentrales Leitmotiv der Politik Stocks sichtbar, das ihn auch als Ministerpräsident einer Koalition leiten sollte. Da die SPD nicht allein die Verantwortung für den Wiederaufbau übernehmen konnte, musste der Ausgleich mit der die bürgerlichen Kräfte bindenden CDU gesucht werden, um eine breite Basis für die Neuordnung zu gewinnen, auch wenn für eine solche Kooperation ein hohes Maß an Kompromissbereitschaft notwendig war. Dazu war Stock bereit.

Der Verfassungskompromiss als richtungweisende Übereinkunft war ein Produkt der Notzeit, getragen von der Einsicht, dass die Vielzahl der Probleme nur durch eine breite politische Zusammenarbeit gemeistert werden konnte. Die Übereinkunft war allerdings nur möglich geworden, weil zwischen Sozialdemokraten und Christdemokraten Übereinstimmung in grundlegenden Punkten bestand, denn die hessische CDU stand sozial- und wirtschaftspolitischen Neuerungen im Sinne der SPD zunächst durchaus aufgeschlossen gegenüber.

Das mit der Verfassung geschmiedete Bündnis hatte schon bald seine erste Bewährungsprobe zu bestehen. Denn die amerikanische Besatzungsmacht war zwar allgemein mit dem hessischen Verfassungsentwurf hoch zufrieden, doch erhob sie Einspruch gegen Artikel 41, der eine umgehende Sozialisierung industrieller Leitsektoren mit Annahme der Verfassung vorsah. Eine Vergesellschaftung passte so gar nicht in ihr Bild von der effizienten liberalen Wirtschaftsordnung. So wollten die Amerikaner die Sozialisierungsvorschrift in eine unverbindliche Kann-Bestimmung abgeschwächt sehen. Mit diesem Wunsch stieß die Militärregierung auf eine geschlossene Front von SPD, CDU und KPD; nach einigem Hin und Her einigten sich Verfassungsschöpfer und Besatzungsmacht schließlich darauf, den Artikel 41 einem Volksentscheid neben dem zur Verfassung zu unterziehen. Damit war der Weg für die dritte Lesung der Landesverfassung frei, die am 29. Oktober mit den Stimmen von 82 Abgeordneten aus SPD, CDU und auch KPD angenommen wurde. Nur die sechs Vertreter der liberalen LDP (FDP) votierten mit Nein.

Landesverfassung und Artikel 41 erzielten in den Volkabstimmungen am 1. Dezember 1946 jeweils eine Dreiviertelmehrheit. Bei den gleichzeitig stattfindenden ersten Landtagswahlen, bei denen auch Stock – auf Platz 2 der SPD-Landesliste – in den ersten hessischen Landtag gewählt wurde, lag die SPD mit 42,7 % weit vor der CDU mit 30,9 %.

4. Ministerpräsident einer Großen Koalition

Obwohl Stocks Bekanntheitsgrad als einer der Architekten der Verfassung gewachsen war, tauchte sein Name in den Spekulationen um den künftigen Wiesbadener Regierungschef nach den Wahlen zunächst nicht auf. Stock drängte nicht in das Amt, sondern musste erst von den Spitzengremien der Landes-SPD zur Kandidatur überredet werden. Am 20. Dezember 1946 wählte der Landtag mit 58 Stimmen von SPD

Die ersten beiden hessischen Ministerpräsidenten nach dem Krieg im Gespräch: der im Oktober 1945 von den Amerikanern eingesetzte parteilose Karl Geiler (l.) und sein Nachfolger Christian Stock, am Tag von dessen Wahl am 20. Dezember 1946.

und CDU den Sozialdemokraten zum Ministerpräsidenten. Er löste damit den von den Amerikanern im Oktober 1945 eingesetzten parteilosen, dem bürgerlicher Lager zuzurechnenden Ministerpräsidenten Karl Geiler ab. Mit Stock besaß das neue Land Hessen seinen ersten demokratisch gewählten Ministerpräsidenten und mit der Bildung seines Kabinetts, dem je vier Minister von SPD und CDU angehörten, seine erste parlamentarisch gewählte und verfassungsmäßig gebundene Regierung. Mit der Vereidigung der Regierung im Januar 1947 war Hessen bereits 15 Monate nach seiner Gründung zum demokratischen Verfassungsstaat geworden.

Stocks Regierungsmannschaft setzte sich aus zehn Männern einschließlich Ministerpräsident und dem Chef der Staatskanzlei, Staatssekretär Hermann L. Brill, zusammen, von denen alle bis auf einen CDU-Mann während der nationalsozialistischen Diktatur berufliche Nachteile erlitten hatten. Sieben wird man zu aktiven Widerständlern zu zählen haben. Sechs waren in Haft gewesen, entweder kurzzeitig (zumeist in Schutzhaft) oder länger im KZ. Mit Werner Hilpert von der CDU als Finanzminister und Hermann L. Brill von der SPD als Chef der Staatskanzlei agierten im Wiesbadener Kabinett zwei Männer, die im KZ Buchenwald gelitten und dort einem illegalen Volksfrontkomitee angehört hatten. Andere waren von den Nationalsozialisten für kurze oder längere Zeit festgesetzt, einige politisch kalt gestellt worden, immer in der Gefahr, in die Mühlen des Unrechtsregimes zu geraten. In der Regierung saßen Verfolgte und aktive Gegner des NS-Regimes, die den Tod vor Augen gehabt und das Grauen der Lager und Gefängnisse erlebt hatten. Diese Erfahrungen prägten, verbanden dauerhaft über die Parteigrenzen hinweg.

Die Kooperation von SPD und CDU, wie sie sich in der Verfassungsarbeit und in der Regierungskoalition von 1946 bis 1950 zeigte, gründete sich – über diesen persönlichen Aspekt hinaus – zum einen in der tiefen Überzeugung, die Fehler von Weimar, den bis hin zu Diffamierung und Gewalt ausufernden parteipolitischen Kampf jenseits eines politischen Ehrenkodex nicht zu wiederholen, zum anderen in der bitteren Erfahrung von zwölf Jahren Unrecht, verbunden mit einem unbedingten Willen zum gemeinschaftlichen Wiederaufbau der Demokratie. Das Durchleben von Diktatur, Verfolgung und Widerstand trug zu einem betont fairen Umgang untereinander bei. Das „Nie-Wieder-Hitler" einte.

Stocks politischer Führungsstil zeichnete sich durch Kollegialität aus. Am Kabinettstisch herrschte ein „gutes persönliches Einvernehmen", wie Kultusminister Erwin Stein sich erinnert: „Die Kabinettssitzungen waren sachlich und auch bei Meinungsverschiedenheiten frei von persönlichen Auseinandersetzungen. Dazu trugen einmal die leidvollen Erfahrungen der Kabinettskollegen in der Nazizeit bei. Wogen waren schnell geglättet. Vor allem war es auch die menschliche Art und Weise, in der Christian Stock präsidierte. Seine sonore Stimme und die in leichtem badisch-hessischem Dialekt vorgetragenen Argumente [...] schufen eine Atmosphäre des Vertrauens und der Gelassenheit, aber auch eine gewisse Distanz."[15]

Die neue Regierung stand vor einer Herkulesaufgabe. So vermied es Stock in seiner ersten Regierungserklärung vor dem Hessischen Landtag vom 6. Januar 1947, irgendwelche illusionären Hoffnungen zu wecken: „Es wäre billig [...] heute große Versprechungen zu machen. Da wir alle aber nicht wissen, was wir von solchen Versprechungen zu halten imstande sein werden, sehen wir davon ab."[16] Das sind ungewöhnlich zurückhaltende Worte für einen Politiker. Doch Stock war realistisch genug, um zu sehen, dass es im zweiten Jahr nach Kriegsende nicht die Zeit war, das Bild einer segensreichen Zukunft zu malen. Denn das Land war zerstört, die Großstädte wie Frankfurt, Darmstadt und Kassel lagen zu Dreiviertel in Schutt und Asche. Wohnungs- und

Stocks Regierungsmannschaft im Januar 1947: (vorn sitzend v. l.) Gottlob Binder (SPD), Christian Stock, Heinrich Zinnkann (SPD); (hintere Reihe v. l.) Josef Arndgen (CDU), Erwin Stein (CDU), Georg August Zinn (SPD), Karl Lorberg (CDU), Harald Koch (SPD), Werner Hilpert (CDU).

Nahrungsmittelmangel, Engpässe in der Versorgung, Millionen von Flüchtlingen, Vertriebenen und Ausgebombten bestimmten das Bild der Nachkriegsgesellschaft. Die Ernährungslage war dramatisch: Im Sommer 1947 erhielt der Normalverbraucher täglich Lebensmittel mit einem Nährwert von 900 Kalorien zugeteilt. Der Schwarzmarkt blühte.

Es ging also vornehmlich zunächst einmal darum, die Menschen in dem zerstörten Land mit dem Notwendigsten zu versorgen, ihnen eine Perspektive auf eine bessere Zukunft zu geben. Angesichts der desolaten ökonomischen Lage galt Stocks besonderes Augenmerk der Hebung der Industrieproduktion und des Lebensstandards, vor allem der Sicherstellung der Ernährung - denn: „Nur wer sein Hungergefühl zu stillen vermag, ist fähig zu höherem Denken. Und Demokratie setzt nun einmal Denken voraus."[17]

Die existentiellen Probleme zu bewältigen, erforderte in den Augen Stock den Konsens der Politikträger und eine breite Regierungsmehrheit. Sein Amtsverständnis als Ministerpräsident basierte auf seinen in Weimar geformten politischen Denkkategorien, in denen der Kompromiss, der Wille zur Zusammenarbeit mit anderen Politikträgern unter einer gemeinsamen Zielrichtung, einen zentralen Stellenwert einnahm. Damit war auch die Große Koalition der Nachkriegszeit begründet, die Stock bis zum Ende der Legislaturperiode entschieden verteidigte und die er 1949 auch für die erste Bundesregierung empfahl. Diese Politik durchzuhalten, wurde mit zunehmender Dauer immer schwieriger. Denn Zwänge der Regierungskoalition sorgten mitunter dafür, dass Wege beschritten werden mussten, die den Erwartungen der sozialdemokratischen Gefolgschaft nicht unbedingt voll entsprachen. Schon im April 1947 warb er vor SPD-Funktionären um Verständnis für die Koalitionserfordernisse und mahnte die eigene Partei: „Wenn man eine Koalition eingeht, muss man auch den Koalitionspartner leben lassen. Es [...] kommt darauf an, eine Einheitlichkeit in strittigen Fragen herbeizuführen, die beiden zugutekommt."[18]

Während die erste Landesregierung unter dem parteilosen Karl Geiler allein abhängig von der Besatzungsmacht gewesen war, konnte die Regierung Stock eine demokratische Legitimation durch das hessische Volk vorweisen. Doch hatte auch die erste parlamentarisch gestützte Nachkriegsregierung die Interessen der Besatzungsmacht mit ins Kalkül einzubeziehen, denn an der Dominanz der amerikanischen Militärregierung hatte sich trotz der demokratischen Fundamentierung der Regierung nichts geändert. Zu den Koalitionszwängen kam also

Der Direktor der US-Militärregierung in Hessen, Colonel James R. Newman, und Christian Stock.

noch das Besatzungsrecht hinzu, auf dessen Grundlage die Amerikaner in die deutsche Politik eingreifen konnten. Das taten sie auch, wenngleich sich zwischen Stock und dem Leiter der US-Militärregierung in Hessen, Oberst James R. Newman, ein sachlich gutes Verhältnis entwickelte. Newman war Stock zunächst distanziert und mit einigen Vorbehalten entgegengetreten.

Der Aufbau der parlamentarischen Demokratie hatte bis dahin nur unter tatkräftiger Förderung der Amerikaner erfolgen können, die Deutschland wieder auf den Pfad einer festen Demokratie führen und den Nationalsozialismus auf Dauer überwinden wollten. Sie legten besonderen Wert auf eine konsequente Entnazifizierung, mit der die NSDAP-Mitglieder und die Nutznießer der Diktatur zur Rechenschaft gezogen wurden. Damit hatte man unmittelbar nach Kriegsende begonnen und in der Zeit der ersten Landesregierung unter Geiler die Weichen gestellt. Die Regierung Stock musste das ganze Verfahren durchführen, wobei die Hessen Starrheit und Rigorosität des am 5. März 1946 für die amerikanische Besatzungszone erlassenen Befreiungsgesetzes kritisierten. Das Gesetz hielt zur Eingruppierung der Betroffenen fünf Kategorien (vom Hauptschuldigen bis zum Entlasteten) bereit. Hierüber hatte eine deutsche Spruchkammer zu entscheiden. Forderungen von deutscher Seite, den Schematismus zu überwinden, das Verfahren zu vereinfachen und zu beschleunigen, um die Hauptschuldigen zu bestrafen, fanden erst 1948 Gehör bei der Besatzungsmacht, als die Amerikaner im Zuge der weltpolitischen Konfrontation zwischen Ost und

Stock überreicht im Mai 1949 dem scheidenden amerikanischen Militärgouverneur Lucius D. Clay (r.) ein Bildgeschenk; in der Mitte der Direktor der US-Militärregierung in Hessen, Oberst James R. Newman.

West die Entnazifizierung, die ohnehin nahezu abgeschlossen war, beendet sehen wollten.

Immer wieder suchte die amerikanische Besatzungsmacht ihren Einfluss geltend zu machen, wenn sie glaubte, dass die Demokratiegründung in die falsche Richtung gehen würde. Gerade um die wirtschafts- und sozialpolitische Neuordnung kam es zu Kontroversen mit der Landesregierung. Ein solcher tiefgehender Konfliktfall entwickelte sich um das vom Landtag im Mai 1948 mit großer Mehrheit verabschiedete Betriebsrätegesetz, das zu den weitreichendsten Regelungen der innerbetrieblichen Mitbestimmung in der Nachkriegszeit zählte. Es räumte den Arbeitnehmervertretern wesentliche Mitentscheidungsrechte ein, auch in zentralen wirtschaftlichen Fragen. Aber gerade diese wirtschaftlichen Rechte riefen bei den Amerikanern Widerspruch hervor, die dem Gesetz ihre Zustimmung versagen wollten, glaubten sie doch die unternehmerische Freiheit unrechtmäßig eingeschränkt.

Das sah man in Hessen freilich ganz anders. Für den Fall, dass die Militärregierung das Gesetz ablehnen würde, drohte Stock, für den als alter Gewerkschaftler die Regelungen nachgerade elementar waren, mit Rücktritt. In den Konflikt schalteten sich sogar die Washingtoner Ministerien ein; andererseits reagierten die hessischen Gewerkschaften mit Massendemonstrationen auf den drohenden Eingriff der Siegermacht. Militärregierung und Landesregierung einigten sich schließlich, dass die Paragraphen des Gesetzes, die wirtschaftliche Mitbestimmungsrechte enthielten, bis zur Konstituierung der Bundesrepublik nicht in Kraft gesetzt wurden. Man wollte eine bundeseinheitliche Regelung abwarten. Mit diesem salomonischen Kompromiss konnten die Hessen leben; er eröffnete Stock die Möglichkeit, ohne Gesichtsverlust im Amt zu bleiben.

Die Interessen der Besatzungsmacht hemmten auch den Fortgang der Sozialisierung. Aber auch die Koalition war sich hierüber uneins. Zwischen SPD und CDU gab es in der Sozialisierung, die mit dem in der Volksabstimmung angenommenen Artikel 41 ein unmittelbarer Verfassungsauftrag war, keine Übereinstimmung in der Zielrichtung. Das vom Wirtschaftsminister Harald Koch (SPD) entwickelte Gesetz über die „Sozialgemeinschaften" stellte eines der ganz wenigen ausgereiften Modelle zur Umsetzung sozialdemokratischer Sozialisierungsvorstellungen dar. Aber selbst in den eigenen Reihen stieß das Konzept nicht auf ungeteilte Zustimmung. Stock gab Koch Rückendeckung. Doch im Oktober 1950, kurz vor den Landtagswahlen, fiel das Gesetz im Parlament durch. Denn es gab ein Patt zwischen den Befürwortern SPD und KPD auf der einen und den Gegnern CDU und LDP auf der anderen Seite. Die Koalitionspartner stimmten im Parlament gegensätzlich; das war ein untrügliches Zeichen, dass die Zeit der Kooperation sich dem Ende zuneigte. An der Basis beider Koalitionsparteien rumorte es schon seit einigen Monaten. Das Gesetz scheiterte insbesondere, weil sieben Abgeordnete von SPD und KPD fehlten, unter ihnen auch Stock, der ans Krankenbett gefesselt war. Das entbehrte nicht einer gewissen Tragik, denn er hatte nach seiner Ernennung zum Ministerpräsidenten nicht auf sein Landtagsmandat zugunsten eines Nachrückers verzichtet, wie es aus den Reihen der Fraktion gefordert worden war.

Im Vergleich zu den Wirtschaftsreformen besaß die Kulturpolitik eher nachgeordnete Bedeutung. Amerikaner und Deutsche waren sich weitgehend einig, dass im bildungspolitischen Bereich eine Reform vonnöten war. Mehr als die Deutschen hielten die Amerikaner das deutsche Schulsystem für mitverantwortlich für die NS-Diktatur. Von daher stand im Zentrum der von den Amerikanern forcierten „Reeducation" die Schule als prägender Sozialisationsort außerhalb des Elternhauses, die als zentrales Steuerungsinstrument für die Erziehung zur Demokratie begriffen wurde. Während nun die Besatzungsmacht zuvorderst auf eine organisatorische Neuerung drängte, auf Überwindung des althergebrachten dreigliedrigen deutschen Schulsystems, setzten die Hessen auf eine innere Reform, wenngleich Kultusminister Erwin Stein (CDU) mit seiner gegliederten Einheitsschule eine organisatorische Neuregelung in Vorschlag brachte. Doch stieß solche Neuerung auf den entschiedenen Widerstand der bildungspolitischen Standesorganisationen. Die Schulreform wurde letztlich dem Fortbestand der Koalition geopfert, denn die Ziele von SPD und CDU waren nicht in Einklang zu bringen. Zudem behandelte die SPD die Schulpolitik im Vergleich zur wirtschaftlichen Neuordnung doch eher nachrangig; symptomatisch hierfür waren die Worte Stocks im Herbst 1949, als er im Kreise der Partei unwidersprochen den Satz von sich geben konnte: „Ein neues Schulgesetz ist gar nicht so wichtig, danach fragen nur ein paar Lehrer."[19]

Gemeinsam war Deutschen und Amerikanern die Forcierung einer geistig-moralischen Erneuerung, die Erziehung der Deutschen zu demokratisch geschulten Bürgern. Eine Erziehung im demokratischen Geiste wurde als wahrhafte Denazifizierung des Volkes gesehen, wie es Stock einmal auf den Punkt brachte. Nach einer im November 1946 von der Militärregierung in Marburg durchgeführten Umfrage unter Schulkindern hielten immerhin noch 51 Prozent den Nationalsozialismus als eine im Grunde gute, allerdings schlecht ausgeführte Idee. Dies war kaum verwunderlich, da Sozialisation und Erziehung der Befragten ausschließlich im Dritten Reich stattgefunden hatten. Das Ergebnis unterstrich die Notwendigkeit einer tiefgreifenden inhaltlichen Neuorientierung. So galt das Interesse vor allem dem Geschichts- und Politikunterricht als Trägern der moralischen, geistigen und politischen Erziehung des Kindes. Die Hessen erkannten die Zeichen der Zeit und betraten mit der Umsetzung einer gegenwartsbezogenen politischen und sozialen Erziehung Neuland.

Wegbereitenden Charakter besaß zudem die vom Kabinett im April 1948 beschlossene Errichtung von Lehrstühlen für Politik an den hessischen Universitäten, was zu diesem Zeitpunkt einzigartig in den Westzonen war. Stock ver-

Christian Stock 1948.

kündete am 18. Mai 1948 anlässlich der Hundertjahrfeier der Frankfurter Paulskirchenversammlung die Etablierung von Politiklehrstühlen an den Hochschulen Frankfurt, Marburg und Darmstadt mit den Worten: „Wir wünschen [...], dass der Hörsaal, in dem ein Professor über Innen- und Außenpolitik liest, von jedem aufgeschlossenen und unserer Zeit innerlich verbundenen Studierenden aufgesucht wird. Die akademische Jugend soll nicht neben der Politik aufwachsen und im Politiker einen Feind des Geistes und der Wissenschaft sehen. Sie soll erkennen, dass der künftige Richter, der Studienrat und der Arzt ihre hohe Aufgabe nur erfüllen können, wenn sie den politischen und gesellschaftlichen Erscheinungen in Vergangenheit und Gegenwart Verständnis entgegenbringen und wenn sie schon von Jugend auf versuchen, die Welt zu verstehen."[20] In Weimar waren die Hochschulen Brutstätten des Antirepublikanismus gewesen; Professoren hatten dereinst tosenden Beifall erhalten, wenn sie in ihren Vorlesungen die Republik und ihre Repräsentanten in den Schmutz gezogen hatten. Das sollte überwunden werden.

Zur geistigen Erneuerung zählte im weitesten Sinne auch der Abbau obrigkeitsstaatlicher Mentalitäten und des Untertanengeistes, die Ausmerzung der überlebten autoritären und republikfeindlichen Bürokratie, an deren Stelle eine volksnahe Verwaltung treten sollte. „Der Geist der Demokratie" sollte auch bis in die letzten Amtsstuben vordringen, wie das Stock in seiner ersten Regierungserklärung im Januar 1947 prägnant formulierte.[21] Es galt, auf allen Ebenen einen Verfassungspatriotismus zu verankern, der der Weimarer Republik so sehr gefehlt hatte.

Dass insgesamt nicht alle angedachten Reformen umgesetzt werden konnten, lag zum einen an den Zwängen der Koalitionspolitik, zum anderen an den Interessen der Besatzungsmacht. Stock wurde nicht müde, auf die ganzen Schwierigkeiten einer unter dem völligen Souveränitätsverlust leidenden deutschen Politik hinzuweisen: „Die Demokratie kann sich nicht voll auswirken in einem Land, das militärisch besetzt ist."[22] Vor dem Landtag bekannte er unzweideutig: „Vergessen wir auch in dieser Stunde nicht, dass wir ein von einer Militärmacht besetztes Land und in unseren Handlungen nicht vollkommen frei sind. Wir haben deshalb zu prüfen. Politik ist die Kunst des Möglichen."[23] Politik als die Kunst des Möglichen – Stock war eben Realpolitiker, der immer das Besatzungsrecht und die Koalitionserfordernisse im Blick haben musste. So blieben die Resultate der vierjährigen Regierungszeit auf den sozial- und wirtschaftspolitischen Gebieten, deren Reformierung von der Sozialdemokratie als elementar für den Neuaufbau der Demokratie betrachtet wurde, hinter den Erwartungen der Anfangsmonate zurück. Das wurde auch Stock als verantwortlichem Regierungschef angelastet.

Will man aber die Arbeit seiner Regierung angemessen beurteilen, so wird man auch die Leistungen in den wirtschaftlichen und sozialen Sektoren in Rechnung stellen müssen. Gerade den sozialen Problemen widmete sich Stocks Kabinett. Eines der vordringlich zu bestellenden Felder im zerstörten Nachkriegsdeutschland war der Wohnungsbau, von jeher Stocks Metier. Den Gemeinden wurden in einem Aufbaugesetz die Vollmachten gegeben, die Rahmenbedingungen für den Wohnungsbau zu verbessern. So fiel Stocks Zwischenbilanz in seiner Regierungserklärung im November 1949 mit 101.000 neu errichteten oder bewohnbar gemachten Wohnungen positiv aus, rangierte doch Hessen nach Zahl und Ausgabensumme an der Spitze sämtlicher Länder der Bundesrepublik.

Auch die Bilanz in der Flüchtlingsfrage konnte sich insgesamt sehen lassen. Zu den 3,4 Millionen einheimischen Hessen bei Kriegsende kamen bis zum Zeitpunkt des Regierungsantrittes von Stock eine halbe Million Flüchtlinge hinzu. Allein 1946 waren fast 400.000 ausgewiesene Deutsche nach Hessen geströmt. Im Januar 1950 war jeder sechste in Hessen lebende Bürger ein Vertriebener oder Flüchtling. Insgesamt verzeichnete man zu diesem Zeitpunkt 720.000 Flüchtlinge und Vertriebene im Land. Das war das Resultat einer „Völkerwanderung, die in der Geschichte Europas und der Welt ihresgleichen sucht", wie Stock 1949 mit vollem Recht schrieb.[24] Trotz der dramatischen Wohnungsnot gelang es bis zum Herbst 1949, die Flüchtlinge (bis auf einige Hundert) aus den Auffanglagern herauszuholen und „wohnungsmäßig" in Gemeinden unterzubringen. Noch unter Stocks Regierung wurde mit dem Hessenplan ein landesspezifisches Eingliederungsprogramm entwickelt, das über die wirtschaftliche und soziale Integration der Neubürger hinaus eine raumordnungspolitische Steuerungsmaßnahme zur Industrialisierung und Modernisierung des Landes darstellte. Damit wurde das Fundament für die Aufnahme der Neubürger gelegt, die allerdings erst sehr viel später in einem mühevollen, langjährigen Prozess vollendet werden sollte. Die Integration der Flüchtlinge und Vertriebenen gehört zu den großen sozialpolitischen Leistungen der Nachkriegsjahrzehnte.

So zeigte sich die hessische Geschichte in den Jahren der Besatzung als eine Zeit des politischen Aufbruchs mit dauerhaften Reformen, aber auch mit einigen gescheiterten Reformversuchen. Die wirtschaftliche Konsolidierung und die Sicherstellung der Versorgung der Bevölkerung hingen ganz wesentlich von einer fortschreitenden Zusammenarbeit über die Zonengrenzen hinweg ab, deren Existenz die Lebensadern der einzelnen Länder mitunter kappte.

5. Für ein geeintes Deutschland: Hessen und der Weg zur Bundesrepublik

Allein konnten die Hessen die ökonomischen Probleme nicht in den Griff bekommen: „Mit den wirtschaftlichen Schwierigkeiten kann das einzelne kleine Land nicht allein fertig werden", stellte Stock mit Recht in seiner Rundfunkansprache zu Pfingsten 1947 heraus.[25] Von daher unterstützte seine Regierung nachdrücklich den stufenweisen Verschmelzungsprozess der Länder und Zonen. Der Hesse forderte und förderte die etappenweise Zusammenfügung der Zonen, zum einen, um der wirtschaftlichen Misere Herr zu werden, zum anderen, um mehr politischen Gestaltungsspielraum zu gewinnen. Im April 1947 benannte er das Minimalziel: „Und wenn wir den Vierzonen-Zusammenschluss nicht erreichen können, weil wir das Gefühl haben, dass er von außen her torpediert wird, [...] dann erscheint uns eine Dreizonen-Verwaltung oder meinetwegen eine Zweizonen-Verwaltung immer noch als das Bessere."[26] Die zum 1. Januar 1947 geschaffene Bizone aus britischem und amerikanischem Besatzungsgebiet lobte er daher als eine „erste Bresche in die Zonenteilung", als einen „Sonnenstrahl des Aufbaues in unserer wirtschaftlichen Finsternis."[27] Er ging sogar noch einen Schritt weiter und verlangte im Januar 1948 über die wirtschaftliche Kooperation hinaus eine politische Einigung. Die Hoffnung auf einen weiteren Schritt in Richtung staatlicher Konsolidierung sollte ein halbes Jahr später in Erfüllung gehen.

Am 1. Juli 1948 war es so weit. In Frankfurt überreichten die Militärgouverneure der westlichen Siegermächte USA, Großbritannien und Frankreich den elf Ministerpräsidenten aus den drei Westzonen – der amerikanischen, der britischen und der französischen – die sogenannten Frankfurter Dokumente, die u. a. den Auftrag umfassten, eine westdeutsche Ver-

Frankfurt, 1. Mai 1948: Die westdeutschen Ministerpräsidenten erhalten von den Militärgouverneuren der westlichen Siegermächte den Auftrag zur Erarbeitung einer Verfassung; die Ministerpräsidenten (vorn am Tisch von r.): Leo Wohleb, Baden; Hans Ehard, Bayern; Wilhelm Kaisen, Bremen; Max Brauer, Hamburg; Christian Stock; Karl Arnold, Nordrhein-Westfalen; Hinrich Wilhelm Kopf, Niedersachsen; Reinhold Maier, Württemberg-Baden.

Christian Stock eröffnet als Vorsitzender der Ministerpräsidentenkonferenz am 1. September 1948 im Museum Koenig in Bonn den Parlamentarischen Rat.

fassunggebende Versammlung einzuberufen und so einen Staat zu begründen. Stock gehörte zu denjenigen, die dem Schritt zum provisorischen Weststaat äußerst positiv gegenüberstanden, während manch einer seiner Ministerpräsidentenkollegen zögerlich agierte. Auf der Niederwald-Konferenz in Rüdesheim am 21./22. Juli drängte der Hesse auf einen raschen Abschluss: „Der Wert des Ganzen liegt darin, dass ein Staatsgebilde geschaffen wird, das geeignet ist, die wirtschaftliche Lage der Bevölkerung zu verbessern. Und weiter liegt der Wert darin, dass wir auch in den politischen Dingen vorwärts kommen."[28] Die Deutschen beschritten den von den Besatzungsmächten freigelegten Weg zum Weststaat, an dem Stock selbst regen Anteil nahm.

Mit einer großen Portion Zufriedenheit eröffnete er am 1. September 1948 in seiner Eigenschaft als Vorsitzender der Ministerpräsidentenkonferenz im Bonner Museum Koenig den Parlamentarischen Rat. Nachdem dieser im Mai 1949 das Grundgesetz verabschiedet hatte, feierte es Stock mit vollem Recht als „größtes Werk seit der Kapitulation".[29] Er hegte wie viele Politiker im Westen noch die Hoffnung, dass die Gründung des Weststaates wie ein Magnet auf die sowjetische Zone wirken würde, die sich über kurz oder lang dem westlichen Verbund anschließen müsste. Vor dem Wiesbadener Landtag plädierte Stock nachdrücklich für die Annahme des Grundgesetzes, das dann eine deutliche Mehrheit erhielt, so dass Stock mit den anderen Ministerpräsidenten und den Abgeordneten des Parlamentarischen Rates in feierlicher Stunde am 23. Mai 1949 in Bonn das Grundgesetz unterzeichnen konnte.

Die Zufriedenheit über die Verfassung verdrängte bei Stock einige Enttäuschungen auf dem Weg in den Weststaat. Dazu zählte die ausgebliebene Neugliederung der Länder, für die er sich im Kreise der Ministerpräsidenten besonders stark gemacht hatte. Man wollte die alten hessischen Teile, die bei der Landesgründung im September 1945 nicht nach Hessen gelangt waren, weil sie in der französischen Zone lagen (das linksrheinische Rheinhessen und vier rechtsrheinische Kreise im Bezirk Montabaur), in das hessische Staatsgebiet eingliedern. Doch die meisten Länder wollten keine Territorialreform, so dass das Thema sehr zum Leidwesen Stocks und mehrheitlich der Hessen vertagt wurde.

Auch die Entscheidung des Parlamentarischen Rates über den künftigen Bundessitz sorgte für erhebliches Unverständnis bei Stock wie im gesamten Hessen, denn nicht das hochfavorisierte Frankfurt, Sitz des bizonalen Wirtschaftsrates, sondern das vergleichsweise kleine, als verträumt charakterisierte Bonn wurde in einer Kampfabstimmung am 10. Mai 1949 knapp mit 33 zu 29 als vorläufige Bundeshauptstadt auserkoren. Im Vorfeld hatte auch Kassel zu den vier ernsthaften Bewerbern gehört, sich aber im innerhessischen Zweikampf nicht gegen Frankfurt durchsetzen können.
Die Mainmetropole als heimliche Hauptstadt der Westzonen war durch den Ausbau von Kapazitäten im Zuge der Erweiterung bizonaler Behörden wie geschaffen als ein provisorisches Regierungszentrum. Aber solche rationalen Erwägungen wogen bei der Entscheidung wohl nicht sehr schwer. Bonn sollte es sein, und dabei blieb es.

Eine dritte Enttäuschung mit Blick auf die Bundesebene sollte für Stock die Bildung der ersten Bundesregierung werden. Nach den ersten Bundestagswahlen am 14. August 1949 trat der Hesse auf einer Pressekonferenz mit der Empfehlung an die Öffentlichkeit, auch im Bund eine Große Koalition aus SPD und CDU nach dem Wiesbadener Modell zu wagen. Der SPD, im Bund hinter der CDU auf Platz zwei, drohte der Gang auf die harten Oppositionsbänke.
Die Aussicht, vom Regieren ausgeschlossen zu sein, schreckte Stock. Mit seinem Votum für die große Lösung in Bonn zog er sich den Unmut des zentralen SPD-Parteivorstandes unter dem Vorsitzenden Kurt Schumacher zu, der sich unmittelbar nach der Wahl für die Opposition entschieden hatte und umgehend erklärte, dass Stock lediglich als Privatmann gesprochen habe.
Es waren schon recht deutliche Signale, wenn dem Ministerpräsidenten eines Landes so brüsk die Legitimation aberkannt wurde, sich zu Bonner Koalitionsfragen zu äußern. Damit wurde sichtbar, dass das Verhältnis zwischen dem hessischen Regierungschef und der SPD-Zentrale nicht ungetrübt war. Das sollte Ende 1950 bei der Nominierung des Ministerpräsidenten gegen Stock ausschlagen.

Stocks Stimme für die Große Koalition wog im Bonner Koalitionspoker 1949 nicht viel. Konrad Adenauer als Bundeskanzler und die CDU führten die Bundesregierung; die SPD fand sich in der Opposition wieder. Auch in Hessen sollten die Regierungspartner SPD und CDU bald getrennte Wege gehen.

6. Der unfreiwillige Abschied vom Amt

Bei den Landtagswahlen am 19. November 1950 erzielte die SPD mit 44,4 % an Wählerstimmen die absolute Mehrheit an Mandaten mit 47 von 90. Es gab für die breite Öffentlichkeit eigentlich keinen Zweifel, dass der neue Ministerpräsident wiederum Christian Stock, Spitzenkandidat seiner Partei, heißen würde. Doch da hatte man die Rechnung ohne den zentralen Parteivorstand gemacht. Auf der gemeinsamen Sitzung der SPD-Landtagsfraktion und des erweiterten Landesausschusses am 6. Dezember 1950 unterlag Stock bei der Kür des Ministerpräsidentenkandidaten mit 42 gegen 47 Stimmen seinem ehemaligen Justizminister Georg August Zinn, der im Zuge der Verkleinerung des Kabinetts Ende Oktober 1949 aus der Landesregierung ausgeschieden war. Zinn, seit 1947 einer der beiden SPD-Landesvorsitzenden und seit März 1950 Vorsitzender des Bezirkes Hessen-Nord, war der Kandidat des westdeutschen Parteivorstandes, der massiv für ihn eingetreten war. Über die Gründe lassen sich nur Vermutungen anstellen. Neben den Unstimmigkeiten zwischen der Parteizentrale und dem Ministerpräsidenten dürfte Stocks Alter – er war zu diesem Zeitpunkt 66 Jahre alt – eine Rolle gespielt haben. Zudem galt Stock als Vertreter der alten Weimarer Sozialdemokratie, der der Makel einer steckengebliebenen Revolution von 1918 und damit auch des Scheiterns von 1933 anhaftete, während der um 17 Jahre jüngere Zinn eine neue unverbrauchte Generation innerhalb der SPD verkörperte.

Christian Stock an der Wahlurne 1950.

Bei der Entscheidung spielte gewiss auch hinein, dass Stock, obwohl er ein nüchtern analysierender Realpolitiker war, nicht immer das richtige Gespür für Stimmungen besaß. In seiner Partei war er nicht unumstritten, auch nicht in der Führungsetage. Als unbedingter Verteidiger der Großen Koalition vermochte er es nicht, die wachsende Unzufriedenheit in den eigenen Reihen über das Bündnis mit der CDU zu entkräften und die innerparteilichen Kritiker für eine Politik des Ausgleichs mit dem Regierungspartner zu gewinnen. Er unterschätzte dabei die Zwänge der Parteiräson.

Ihm fehlte eine Portion Skrupel, um seine hervorgehobene Stellung auch voll auszunutzen. Er besaß

Christian Stock und sein Nachfolger Georg August Zinn im Januar 1951.

nicht den unbedingten Machtwillen, den ein Politiker benötigt, um einmal gewonnenes Terrain zu behaupten. Doch freiwillig auf das Amt zu verzichten, wie ihm im Vorfeld wohl geraten worden war, hatte Stock abgelehnt. Als Parteisoldat, der er immer war, fügte er sich schließlich dem Votum der hessischen SPD und verzichtete auf öffentliche Entrüstung über seine Ausbootung.

Nach der bittersten politischen Erfahrung zog sich Stock nur vorübergehend zurück. Seine Enttäuschung war verständlich, verständlich wäre es aber auch gewesen, wenn er jetzt, nach einem halben Jahrhundert in Diensten der Arbeiterbewegung, nach der persönlich schmerzlichsten Niederlage seinen Abschied von der aktiven Politik genommen und sich in seinem neuen Heimatort Seeheim zur Ruhe gesetzt hätte. Er aber blieb im Parlament, vertauschte den Ministerpräsidentensessel mit dem Abgeordnetenstuhl. Im November 1954 wurde er erneut in den Landtag gewählt, gab aber schon einen Monat später sein Mandat zurück. Er trat als 70-jähriger von der politischen Bühne ab. An der Bergstraße verbrachte er mit seiner zweiten Frau Anni, die er 1947 geheiratet hatte, seinen Lebensabend, der mit zahlreichen ehrenamtlichen Funktionen ausgefüllt war. Es ist symbolisch für seinen Lebensweg, seinen unbedingten Einsatz für die Belange der Benachteiligten und die Besserstellung der Arbeiterschaft, dass er kurz vor seinem Tod noch die „Christian und Anni Stock-Stiftung" ins Leben rief, die mittels eines Stipendiums Kindern des Schuldorfes Bergstraße den weiterführenden Schulbesuch ermög-

Christian Stock mit seiner zweiten Ehefrau Anni 1950.

lichen sollte. Das war ihm einst wegen der Verhältnisse im Elternhaus verwehrt geblieben. Am 13. April 1967 starb Christian Stock im Alter von 82 Jahren.

Stock hat dem Land Hessen gewiss nicht den Stempel aufgedrückt wie sein Nachfolger Georg August Zinn in seinen fast 20 Jahren als Ministerpräsident. Vier Jahre Regierung waren zu kurz, um ein klares Profil zu gewinnen. Stocks Zeit an der Spitze des Landes war viel zu sehr geprägt von ungeheuren Folgen des Krieges und den Erfordernissen des politischen, wirtschaftlichen und sozialen Wiederaufbaus. Der zupackende Allroundpolitiker war da verlangt. Dem kam Stock sehr nahe. Er vollführte seine Arbeit eher still und bescheiden, immer die Realisierungschancen von Politik auslotend. Zeitgenossen bescheinigen ihm Beständigkeit und Grundsatztreue, ein „unaufhörliches politisches und soziales Engagement", „behutsames Urteil", „Vertrauen und Autorität" und „politisches Gespür". Er wurde da zuweilen als „kompromissloser sozialistischer Premier" beschrieben.[30] Kultusminister Stein macht eine Beharrlichkeit fest, die an „Starrköpfigkeit" grenze.[31] Der amerikanische Militärgouverneur Lucius D. Clay charakterisiert ihn in seinen Erinnerungen als „Selfmademan, der vermutlich nicht über das Bildungsniveau seiner Kollegen verfügte, aber ein Mann aus dem Volke war, der dachte wie das Volk".[32] Seiner Herkunft blieb der Arbeitersohn verpflichtet; er war sich ihrer immer bewusst.

Er war und blieb der pragmatische Reformpolitiker; er war kein Visionär, kein Mann der großen Geste, kein Politiker, der Aufsehen zu erheischen suchte. Ihm fehlte zudem das Charisma, um zu einem allseits verehrten „Landesvater" zu werden. Ein Volkstribun, der die Massen begeistern und in den Bann ziehen konnte, war er nicht. Ihm fehlte die große, über die Parteigrenzen hinwegreichende Popularität im Land. Und es entsprach nicht seinem Charakter, sich am Lebensende in Memoiren ein Denkmal zu setzen und seinen eigenen Anteil an der Geschichte zu überhöhen, um damit über die aktive Zeit im politischen Rampenlicht hinaus noch im Gespräch zu bleiben. Das war nicht sein Stil.

Zum Zeitpunkt der Amtsübergabe an Georg August Zinn war die unmittelbare Not in Hessen überwunden, wenngleich die Folgelasten des Krieges noch Jahre drückten und das Land von der Normalität noch weit entfernt war. Trotz der Inanspruchnahme durch die alltäglichen Nöte und Probleme im zerstörten Land wurde in Stocks Regierungszeit der Grundstein für ein stabiles und soziales Hessen gelegt, auf dem sein Nachfolger aufbauen konnte. Und das ist allemal Grund genug, an Christian Stock, der im Jahr vor seinem Tod noch mit der höchsten Auszeichnung des Landes Hessen, der Wilhelm-Leuschner-Medaille, für seine politische Lebensleistung geehrt wurde, als einen Mann der Arbeiterbewegung, als versierten Sozialpolitiker und ersten demokratischen Ministerpräsidenten Hessens zu erinnern.

Anmerkungen

1 „Der Spiegel" vom 4. Januar 1947, S. 4.
2 Zitat von 1965 bei Mühlhausen, Heidelberger Arbeitersekretär, S. 17.
3 Eigenhändiger Lebenslauf Stocks vom Oktober 1945; zitiert ebd., S. 17.
4 Zitiert ebd., S. 17.
5 Ebd., S. 17.
6 So Stock in einem Brief von 1936; zitiert ebd., S. 18.
7 Stock in einem Brief 1933; ebd., S. 30.
8 In einer Rede 1965; ebd., S. 34.
9 Ebd., S. 35.
10 Manuskript Stocks von 1929; zitiert bei Mühlhausen, Heidelberger Arbeitersekretär, S. 38.
11 Ebd., S. 41.
12 Zitat bei Schmidt, Biographie, S. 71.
13 Von Weimar nach Wiesbaden, S. 107: Rede zum 1. Mai 1946.
14 Mühlhausen, Geiler und Stock, S. 90.
15 Stein, Stock, S. 287.
16 Rede u.a. in: Von Weimar nach Wiesbaden, Zitat S. 120.
17 Ebd., S. 174: Rede vom 25. Juni 1947.
18 Ebd., S. 139: Rede vom 28. April 1947.
19 Auf dem Bezirksparteitag der SPD Hessen-Süd am 29. Oktober 1949; zitiert bei Mühlhausen, Neubeginn, S. 68.
20 Rede in: Von Weimar nach Wiesbaden, S. 181.
21 Ebd., S. 122.
22 Mühlhausen, Geiler und Stock, S. 105.
23 Vor dem Landtag am 22. September 1948; Mühlhausen, Hessen 1945-1950, S. 385.
24 Stock in einer Schrift zur Flüchtlingsfrage, zitiert bei Kropat, Stunde Null, S. 217.
25 Am 25. Mai 1947; Von Weimar nach Wiesbaden, S. 160.
26 Ebd. S. 147; zu diesem Abschnitt vgl. Mühlhausen, Geiler und Stock, S. 122 ff.; Mühlhausen, Pfeiler, passim.
27 Mühlhausen, Geiler und Stock, S. 123.
28 Ebd., S. 128.
29 „Hessische Nachrichten" (Kassel) vom 10. Mai 1949; zitiert ebd., S. 130.
30 Urteile im Einzelnen nachgewiesen bei Mühlhausen, Geiler und Stock, S. 106.
31 Stein, Stock, S. 282.
32 Lucius D. Clay: Entscheidung in Deutschland, Frankfurt a. M. 1950, S. 115.